Cómo me hice viernes

Forn, Juan / Cómo me hice viernes / Juan Forn ; Prólogo
de Matilda Forn. - 1a ed. - Ciudad Autónoma de Buenos
Aires : Egodot Argentina, 2025. 88 p. ; 20 x 13 cm.

© Matilda Forn

ISBN 978-84-19990-51-8

Depósito legal: M-19168-2025

Impreso en España
Artes Gráficas Cofás, S.A,
Móstoles, Madrid, diciembre de 2025

Corrección
Federico Juega Sicardi

Edición
Noelia Laudisi De Sa

Diseño de tapa y colección
Francisco Bo

Maquetación de interiores
Iván Brizuela

Fotografía de autor
Alejandra López

Cómo me hice viernes
por Juan Forn

Magoya
por Matilda Forn

Te velamos el 21 de junio de 2021. Hacía frío, pleno invierno en Gesell, el día estaba despejado, había mucha luz y la playa estaba espectacular para caminar, como a vos te gustaba. Lo hicimos en el Pipach, ese centro cultural abandonado con grandes ventanales y una terraza que mira al mar con la pintura corroída por la sal.

9

Llegué con Ludmila y Jose. Yo me había puesto una camisa de lino blanca que era tuya, con un jean ancho abajo, pero cuando nos bajamos del auto en la rotonda que mira al mar decidí que ese pantalón no me quedaba bien y Jose se ofreció a cambiármelo. Así que con el viento frío y frente a tode le que estuviera pasando por una de las playas principales de Gesell nos quedamos en bombacha e intercambiamos pantalones.

Cuando entré vi que había candelabros y cruces plateadas decorando el salón vacío. El cajón estaba pegado a la pared mirando a la puerta de entrada. Todo estaba mal, así que lo cambiamos.

Te pusimos mirando a la pared de enfrente, con el mar de fondo que se veía en los ventanales, y pegamos fotos sobre la ventana (una especie de recorrido por tu vida), te pusimos tus anteojos, el libro que estabas leyendo y unas flores de porro en el pecho.

El secretario de Cultura estaba muy preocupado por la falta de flores en Villa Gesell, se acercó respetuosamente a pedirme disculpas por no haber traído la corona de flores tradicional que se utiliza en los velorios, e inocentemente contesté: "Pero mi papá no es Gilda" (mi única concepción de una corona de flores es la que se usa en la cabeza).

Jose y Ludmila fueron a buscar flores por la playa, dicen que se reían y lloraban mientras las juntaban. Las pusieron cuidadosamente en el cajón, enganchadas en el borde de encaje blanco que lo cubría. No hubo otras flores en todo el velorio y, si me permitís aclarar, fueron las más lindas.

Vinieron las Solá y Ezequiel (que ahora es Tequiana, no llegaste a enterarte) y trajeron el cuadro con la escena de la *Divina comedia*, tu banquito donde dejabas los libros por leer y un par de cosas tuyas.

Mamá trajo las fotos, dijo que no se animó a verlas, así que las eligieron sus amigas.

Gloria no se animaba a entrar, todes insistieron y en algún momento entró. En el medio del revuelo, el llanto y demás, Gloria siente algo en la pierna, se asusta y grita. Era una bombacha que le había quedado enganchada cuando se estaba cambiando a la mañana.

Me pasé entre todes les presentes con un frasco de tu porro con el discurso de: "¿Querés un poco del último porro de mi papá?". En un momento sentí que alguien me tocaba el hombro y lo veo al Turco, un mastodonte armenio, campeón de jiu jitsu con ojos vidriosos y voz de niño diciéndome: "¿Me das un poquito del porro de mi amigo?".

También se me acerca Toni, con ojos pícaros, y me consulta suavemente: "¿Y si lo llevamos al mar? La imagen fue clara, Toni dirigiendo a tus amigues mientras pasean el cajón por la orilla del mar y vos te vas bamboleando mientras sonreís, porque a mí nadie me puede discutir que tu semblante era el de una persona en paz con una semisonrisa preciosa. Calculo que alguna negativa balbuceé porque el deseo de Toni contrariaba cualquier lógica, pero entre nosotres dos, pienso que hubiera estado buenísimo.

Morena se acerca al cajón, digna hija de Toni, y con su síndrome de Down que a veces no la deja comprender las cosas de la misma manera que nosotres. Te mira y dice: "Dale, Juan, despertate, boludo". Ante la clara negativa de despertarte, Toni se apura en comentar que estás en el cielo, que no podés escuchar. More lo mira como si fuera idiota y contrataca: "¿Cómo va a estar en el cielo si está acá?", a lo que Toni aclara: "Es que el alma ya está arriba pero el cuerpo tarda un poco más en irse, es siempre así". More se desespera y no entiende, a lo que Toni, ansioso y también cansado, explota: "¡More! Como un cohete, sale volando como un cohete". Morena, con ojos pacíficos y lógica inagotable, lanza: "Y si es un cohete, ¿dónde están los botones?".

Olimpia estaba destrozada, abrazaba a su nieta con fuerza y se lamentaba: "Ay, mi patroncito" (así te decía siempre, muy a tu pesar), y le cuestionaba a Guille: "¿Por qué no se murió usted?". Y sí, si lo pensás un poco tiene lógica, Guille es más grande, tiene grandes problemas de salud, y si vamos a ser totalmente sinceres, creo que todes pensábamos que entre ustedes dos Guille se moría primero. Yo me reía para mis adentros pensando en la impunidad que da el dolor, y cómo nadie le cuestionaría a Olimpia decir lo que estaba diciendo, ni siquiera Guille. Qué te voy a decir, las consecuencias de compartir empleada doméstica. Ella tenía su favorito.

Cuando salí a la terraza a fumarme un pucho (sí, ahora fumo, calculo que no tendrás muchas objeciones, de todos modos no tenés manera de compartirlas conmigo), veo a dos personas filmando desde la costanera con un palo de *selfie*. Salí como una tromba. Furiosa, les dije: "Esto es un velorio privado, no pueden filmar", se apuraron en aclararme que eran del canal de Villa Gesell, que no querían molestar. Poseída por el espíritu cabrón que te caracterizaba, les tiré una sarta de reprimendas sobre la moral y el respeto ante la muerte ajena. Mientras les pobres periodistas se iban deshaciendo en disculpas y guardaban sus cosas en el auto para irse, les freno en seco: "¿Y ahora a dónde van? Ya vinieron hasta acá, y ahora vas a filmar a toda la gente que quería a mi papá y lo vino a despedir. Ah, y guardá ese palo de *selfie* de mierda y traé un equipo como la gente". Me siguieron cuidadosamente e hicieron unas pequeñas tomas de tu gente acompañándote.

Alrededor del mediodía enfilamos al Náutico, el restaurante que queda frente al Pipach, mirando al mar. Estaba lleno, como si fuera un día cualquiera de temporada alta, pero es invierno, y todos tus afectos ocupan las mesas. Guille está sentado en su mesa de siempre, la primera a la izquierda, cerca de la cocina y con vista al mar. Lo acompaña Juancho, exalumno tuyo de taller, hoy jefe máximo de una de las editoriales más grandes del país. Habían tenido alguna discusión boluda que los tuvo alejados un tiempo, pero casualmente unos meses antes de que te murieras, volvieron a acercarse. Me senté con ellos como si fuera una de las innumerables veces que vos te sentaste ahí, en su mesa, a cenar y charlar con Guille. Al cabo de un rato, Juancho observa que mis amigues, que están en otra mesa, me están mirando. Me dice: "Andá, andá con tu generación".

En mi mesa están todes acompañándome. Luis, el dueño de Náutico, me acerca, sin que lo pida, lo que más nos gustaba comer ahí: langostinos rebozados. Y cuando pido un *gin-tonic* manda a la moza con la botella a servirme, y me dice: "Decime hasta dónde". Confundida, la miro a Jose: "¿Podés decidir vos?". Ella le dice a la moza: "Hasta ahí"; y yo agrego: "Un poquito más". Y es así como con un copón de 80 % gin y 20 % tónica terminé en pedo en tu velorio.

Después de comer, enfilamos de vuelta al Pipach. Yo llevaba un vaso de plástico con lo que me quedaba del gin matador, y cuando estaba sentada esperando que se me pasara la borrachera, se acerca una joven periodista bellísima y me pregunta si tengo unos minutos para hablar; la habían mandado desde la Ciudad de Buenos Aires a cubrir el evento y le faltaba hablar conmigo. Así que fumando, entre risas y llanto, le conté de vos, cómo habíamos organizado este desopilante velorio. Días después, sacó la bendita nota, que quedó hermosa.

Mamá se paseaba por todos lados fumando porro sin parar, acompañada de su nueva pareja (que ahora no es tan nueva, pero en ese momento sí) y lo miraba mientras fumaba y le decía: "Me vas a tener que disculpar, mi amor". Está más suelta y divertida, te gustaría esta nueva versión de ella.

El de la casa velatoria me avisa que ya se tienen que llevar el cajón, así que recomienda una última ronda para despedirse del difunto (no te enojes conmigo, él te dijo así). Todes pasaron a hablarte y despedirte. Cuando llegó mi turno, me di cuenta de que no tenía nada más para decirte, nada que no te hubiera dicho en las otras instancias en las que había estado junto a tu cuerpo inerte, hasta que me bajó. Papá, nunca te dije pero… tengo *piercings* en los pezones.

Y así como si nada, era hora de llevarte a la camioneta. Toni y tus amigues enfilan a llevar las manijas del cajón, a lo que objeto: "No, vamos las chicas". Mamá, María, Jose, tu hermana Eugenia y yo. En el momento en el que intento levantar la manija me doy cuenta de que es pesadísimo, no tenía idea de que era tan difícil llevar un cajón. Te subimos a la camioneta y todes aplaudieron, chiflaron y te despidieron. Y sobre todo el bullicio, un grito con la voz de Morena, inconfundible: ¡Magoya!, su código en común, el título que le querías poner originalmente a tu colección Rara Avis.

Magoya, pa, ahora estás en paz.

e iré armando el encuadernado
mientras los voy corrigiendo.
Y voy a conseguir que el tomo tres salga
con un nivel y acabado como el tomo dos.

Y después terminaré de retocar y
acomodar el tomo uno, para la reedición.
(si hay reedición)
y después se cierra el ciclo con el tomo 4.
Más o menos ahí tendré la cabeza
desocupada para que me aparezca
lo que empiece a escribir después.

Junio 13
día del escritor, creo
(:2015 invierno)

Cómo me hice viernes
por Juan Forn

Cada vez que me preguntan por dónde entré en la literatura contesto lo mismo: por ascensor. Yo tenía 15 años y compartimos, dos amigos y yo, un viaje en ascensor con un vecino de mi edificio que nos oyó hablar sin parar del plan de hacer una revista que no se pareciera a ninguna otra. Al llegar a su piso, el tipo dijo que tenía algo que quizá nos sirviera, y nos invitó a los tres a pasar a su departamento, y nos mostró libros, y nos recomendó películas y nos puso discos, y en aquel living a media luz en plena dictadura, nos hizo entrar a un mundo en el que James Dean le leía a Marilyn el *Ulises* de Joyce, Dylan Thomas volvía de su última curda al Chelsea Hotel, Coltrane intentaba llegar con su saxo hasta donde Charlie Parker había comenzado su caída libre, Scott Fitzgerald aconsejaba con su último aliento a Faulkner que huyera de Hollywood, Jackson Pollock tiraba pintura como napalm en toda tela que le pusieran delante, Sylvia Plath despertaba de su primer *electroshock* y Burroughs le daba un balazo en la frente a su esposa jugando a Guillermo Tell en una pensión mexicana.

Creo que ahí empecé a entender la literatura desde adentro, aunque me diera cuenta mucho después. Y esa matriz americana me quedó para toda la vida. He tratado desde entonces de llenarla de otras cosas, de diluirla en mí, mudar de piel, dejarla atrás. Pocas cosas me decepcionan tanto como la literatura y el cine y la música yanqui de Reagan para acá. Pero igual tengo esa matriz en el ADN, y me delato cada tanto: la exposición muy temprana al American Way deja una impronta que se les nota para siempre a sus víctimas. Hasta el día de hoy me dicen: "Sos reshanqui para escribir, vos". Me he inoculado toneladas de sangre judía, rusa, japonesa, mitteleuropea, italiana, latinoamericana, en forma de libros de todo tipo, pero me lo siguen diciendo igual. Así que iré al origen del asunto. Considérenlo una autopsia:

Mi padre acababa de casarse con mi madre y yo no existía todavía. Él ya trabajaba como ingeniero en la empresa de caminos de mi abuelo: en realidad había querido ser dibujante, pero su padre lo necesitaba ingeniero como él (mi padre era el primogénito), así que mi padre fue lo que dijo su padre. Viene entonces Walt Disney a la Argentina. Sin decirle nada a nadie, mi padre deja en el hotel donde se aloja la comitiva una carpeta con dibujos suyos: no había un solo diseño propio, eran simplemente acetatos perfectos de las epónimas figuras de Disney. Pero todo en ellas era increíble: el color, el trazo, la continuidad. Y no *Made in USA* sino *Made in casa* por él solito, en sus ratos libres. La gente de Disney le ofreció trabajo bien pago en su factoría de Los Ángeles. Mi padre lo mencionó en la mesa familiar esa noche. No hizo falta que mi abuelo levantara su voz de trueno contra él. Mi abuela, que no era de interumpirlo nunca, se le adelantó. Mi abuela había nacido en Inglaterra. Era, y se creía, criolla de pura cepa, no había vuelto a Inglaterra más que unas pocas veces de paseo, pero hasta el día de su muerte conservó su pasaporte inglés, como un secreto certificado de pedigrí, como un recuerdo de otra vida.

Mi abuela sabía que mi padre leía la revista *Time* y fumaba cigarrillos norteamericanos y copiaba los gestos de los galanes de las películas norteamericanas. Mi abuela sabía también que una gran amiga de mi madre vivía en Los Ángeles, y había recibido en su casa a mi padre y a mi madre durante la luna de miel de ellos. Todo eso lo podía aceptar. Pero que un hijo suyo, ese hijo precisamente (porque mi abuela tenía algo especial con mi padre: ese cariño callado de las madres que ven lo tremendo que es el padre con el primogénito), que tan luego ese hijo se le fuera a vivir a California, al epicentro del mal gusto norteamericano, era sencillamente inaceptable para ella. Le dijo con su voz pacífica de siempre: "Ese país no es para vos, hijo". Mi padre pudo haber tenido la vida de sus sueños trabajando para la Disney, jugando al golf y tomando martinis mirando el atardecer en la costa californiana, y yo me salvé de nacer norteamericano, porque mi abuela le hizo sentir con una sola frase a mi padre que esa no era una vida para él. Y nunca más se habló del asunto. Mi padre fue ingeniero el resto de su vida. Nunca más dibujó.

Mientras tanto yo crecí y llegó mi adolescencia, mi rebelión. Empecé a practicar todo lo que a mi padre le daba tirria: el desorden de los sentidos, básicamente. Yo escribía poesía, yo odiaba su utopía de pacotilla, eso que Henry Miller llamó "la pesadilla de aire acondicionado". Lo asombroso fue que elegí como guía, como padre espiritual en la construcción de mi propia utopía, a un tipo que me inoculó una versión alternativa del mito yanqui: el desorden de los sentidos American Way.

En la Argentina de la dictadura, yo quería ser un *beatnik*.

El demonio, como sabemos, tiene muchas caras. Uno vuelve la vista atrás y ve cada encrucijada en que se cruzó con él (Kierkegaard decía que el problema de la vida es que se la vive para adelante pero se la entiende para atrás). El demonio es básicamente un veneno. Para que funcione tiene que haber algo en nosotros que responda a él: el veneno funciona si hace contacto con eso. De manera que reconocemos al demonio cuando ya lo llevamos dentro.

Aquel vecino del piso nueve, aquel tipo que nos abría la cabeza a base de libros, discos y películas, era viudo. Era viudo, y además tenía una hija y además, supe muchos años después, era un agente cultural de la CIA: un perejil, un buchón, un sorete. La hija era cinco años menor que nosotros y, de un día para el otro, dejó de ser la pendeja amarga y anteojuda que se paraba desafiante delante del sofá donde nosotros escuchábamos a su padre y nos decía: "Ustedes no son *beatniks*". Volvió de un verano transfigurada en una beldad que te cortaba la respiración.

Mentira; no era *tan* linda, pero a nosotros tres nos cortaba la respiración: era una morocha argentina. En un instante vuelvo a ella y al agente de la CIA. Antes hagamos foco en aquellos tres jóvenes poetas. O en los jóvenes poetas en general.

e iré armando el encuadernado
mientras los voy corrigiendo.
Y voy a conseguir que el tomo tres salga
con un nivel y acabado como el tomo dos.

Y después terminaré de retocar y
acomodar el tomo uno, para la reedición.
(si hay reedición)
y después se cierra el ciclo con el tomo 4.
Más o menos ahí tendré la cabeza
desocupada para que me aparezca
lo que empiece a escribir después.

Junio 13
día del escritor, creo
(¡2015!) invierno

Cualquiera que camine por las callecitas de Villa Crespo en Buenos Aires va a ver a uno. A mí me pasó el otro día. Lo vi en una de las mesas de afuera de un bar, sentado con otro y con un par de chicas que lo escuchaban. Alcancé a oír parte de una frase nomás, ni siquiera las palabras, solo la entonación, pero bastó para que sintiera en la espalda el escalofrío de la familiaridad. Como campanadas en mi cabeza resonaron las viejas consignas: "El que quiere nacer debe destruir un mundo"; "Di tu palabra y rómpete"; "Si puedes vivir sin escribir, no escribas". Y la otra cara de aquellas consignas, su complemento íntimo: las horas interminables que me pasaba frente al espejo hasta lograr ver lo que buscaba en mis facciones y entonces repetir: "Soy un gran poeta, siento lo que otros no sienten". Lo mismo que parecía sentir aquel joven poeta de bar en Villa Crespo. Las chicas de su mesa eran feas, el otro pibe que lo acompañaba era de telgopor, pero él estaba en una película: él era Rimbaud definiendo los colores.

Auden lo llama el poeta en ciernes, y es la definición perfecta. *En ciernes*: un objeto vacío, donde parece que todo está por ocurrir. El poeta en ciernes es el que cree (como se cree a esa edad, con furia) que poeta no es aquel que meramente escribe versos, sino aquel que está llamado a escribirlos. El poeta en ciernes es el que cree que solo un poeta puede reconocer en otro poeta esa llamada, porque solo un hermano es capaz de reconocer en otro la marca secreta de su estirpe.

Pero, al mismo tiempo, el poeta en ciernes quiere ser único: no en su especie, porque todo poeta en ciernes quiere pertenecer a la estirpe sagrada. Pero sí ser único en su época, en su país, en su generación, en su barrio: ser un rato aunque sea la encarnación solitaria de esa estirpe que da solo un ejemplar por camada. Después viene la vida y entendemos eso que decía Jaime Gil de Biedma: que en la juventud lo que más le interesa a uno de uno mismo es lo que cree tener de único, y con el tiempo descubre que lo más interesante es lo que tiene en común con los demás. El ruso Joseph Brodsky lo decía a su manera: la primera etapa de un poeta es aprender a ser él mismo, y la segunda etapa es aprender a no serlo.

Según el serbio Charles Simic, el joven poeta es un realista que aún no ha decidido qué es la realidad. Según el peruano Antonio Cisneros, el joven poeta es el rey de los pálpitos: tiene uno por minuto, aunque la mayoría sean errados o los interprete mal (es por eso que no hay joven poeta que no tenga al menos una estrofa que suene tan asombrosamente bien que no parece suya). El viejo Faulkner dijo, cuando recibió el Premio Nobel, que el que no puede escribir poesía escribe cuentos, y el que no puede escribir cuentos escribe novelas, o que al menos esa era la historia de su vida. Pero a la hora de los brindis posteriores a su discurso, y ya convenientemente alcoholizado, agregó: "El problema de los jóvenes poetas es que aman su caligrafía como el olor de sus propios pedos".

Yo creo que los escritores de hoy, en lugar de googlearse en Internet, deberían cada tanto dejar salir de su mazmorra al Joven Poeta Que Fueron. Abrirle el candado, dejarlo corretear un poco entre los muebles, contemplar la suma de defectos que es esa criatura informe que renguea, babea, choca contra todo y no aprende nada de esos golpes, sigue girando en círculos con los ojos desorbitados y una energía loca que da escalofríos de risa y sorna y compasión al escritor, y le sirve para recordar ciertas cosas que necesita recordar, y cuando eso ocurre arrea de nuevo a su mazmorra al Joven Poeta Que Fue y le apaga la luz y vuelve a su silla a escribir como es debido.

Escribir como es debido es una mala manera de decir algo que creo que se entiende igual, y que podría ejemplificar diciendo que es escribir como escribió en inglés el ruso Joseph Brodsky. Ustedes saben que había en San Petersburgo, cuando se llamaba Leningrado, una escuela, que estaba enfrente de una fábrica de armamento, que estaba al lado de un hospital, que pertenecía a una prisión, la prisión más famosa de toda Rusia, Las Cruces, con sus 999 celdas. Y había en Leningrado, en aquellos primeros años de posguerra, un pelirrojo llamado Brodsky, que fue a esa escuela hasta que lo echaron, y consiguió trabajo en ese arsenal hasta que lo arrestaron, y fue a dar con sus huesos a aquella cárcel, donde lo despacharon al pabellón de enfermos mentales, donde lo ponían a pasar la noche en chaleco de fuerza, luego de empaparlo con una manguera; al enfriarse y contraerse, el chaleco de fuerza iba haciendo cada vez más honor a su nombre.

Antes las autoridades soviéticas lo habían llevado a juicio. Por parásito, por poeta, por judío. En determinado momento del proceso, el fiscal le preguntó: "¿Qué lo habilita a usted a creerse poeta?". El pelirrojo Brodsky, que tenía 21 años, contestó: "¿Qué lo habilita a usted a creerse humano?". Lo mandaron a Siberia, por supuesto, pero en términos soviéticos la sacó barata: apenas tres inviernos, y no en un campo, sino en una granja colectiva. Después lo dejaron volver a Leningrado, pero no lo dejaban publicar. Y terminaron expulsándolo de la Unión Soviética.

El pelirrojo Brodsky bajó de un avión en Viena sin pasaporte y sin una moneda. Las autoridades migratorias le preguntaron si conocía a alguien en el país. Brodsky sabía que W. H. Auden, el gran poeta inglés, su ídolo absoluto, tenía una casita en algún lugar de las montañas austríacas. Las autoridades migratorias lograron contactar al viejo poeta y este aceptó encantado hacerse cargo del indeseado apátrida. No solo le dio cobijo en su cabaña alpina: en setenta y dos horas vertiginosas, le consiguió papeles y un puesto en una universidad en Estados Unidos y después se lo llevó a Londres, donde lo presentó al mundo en un legendario festival internacional de poesía donde debía decir el discurso de inauguración.

Durante esas setenta y dos horas, las únicas en que estuvo frente a frente con Auden, Brodsky solo pudo escucharlo en silencio: el inglés que sabía lo había aprendido a solas en la URSS con un diccionario y una antología de poesía inglesa hecha jirones, que salvó del fuego cuando trabajaba de portero (en esa antología había descubierto a su ídolo). Eso era todo lo que sabía de inglés: a duras penas le daba para seguir la legendaria, prodigiosa verba de Auden; y ni hablar de poder decirle lo que había significado su poesía para él. Un año después, Auden estaba muerto. Brodsky se enteró por los diarios, en Michigan; no había vuelto a verlo ni a hablar con él. Ese mismo día empezó a escribir en inglés. Sus poemas los siguió escribiendo en ruso, pero desde ese día empezó a escribir prosa en inglés. Y, cuando se animó a publicarla, resultó ser una verba prodigiosa.

Era su manera de hablar con Auden, de decirle todo lo que no le había podido decir en aquellas setenta y dos horas entre las montañas de Austria y Londres. Él mismo lo confesó cuando le dieron el Nobel. Primero citó unas palabras de su maestro: "Todo escritor tiene un amigo imaginario". Después dijo: "Lo que fui a los ojos de Auden es lo que soy: un poeta judío, que hace poemas en ruso. Pero escribo cosas en inglés porque son mi forma de encontrarme con él, para hacer lo único que se puede hacer con un hombre mejor: seguir la conversación. En eso consisten, creo yo, las civilizaciones".

Uno necesita feed-back para escribir —hablo de libros. Y aunque yo, por lejos que ya me he ido del mundo de mis colegas, mentales y Kiscomente, todavía necesito oír el sonido de mi época. Así leo a mis colegas, así busco frente a lo que se escribe ahora, tal y como busco en el pasado: dialogar, o más bien escuchar historias que después, a veces, convierto en historias.

Para que se entienda la cepa de mi virus angloamericano, déjenme decir que entre mis experiencias formativas decisivas están el inglés del ruso Brodsky y el inglés del ruso Nabokov. El inglés de Nabokov me pierde, pero el de Brodsky me conmueve más, porque es hijo de la austeridad y los obstáculos, y lo mismo me pasa con otra prosa "rara" en inglés, que también es hija de la austeridad y los obstáculos y que a mí me electrifica: la del judío Singer, el fauno loco Isaac Bashevis Singer, que, como todos sabemos, ganó el Premio Nobel escribiendo en ídish.

Singer había llegado a América desde Polonia en 1935, sin un centavo y sin saber una palabra de inglés, y estuvo veinte años malviviendo del cuento por semana que publicaba en el *Forverts*, el diario en ídish de Nueva York. Era un mero cuentero más de la colectividad hasta que un día Saul Bellow leyó un cuento llamado "Gimpel, el tonto", lo tradujo al inglés, lo publicó en el *Partisan Review* y le cambió la vida a Singer para siempre. A partir de entonces, los cuentos de Singer se publicaron simultáneamente en el *Forverts* en ídish y en el *New Yorker* en inglés. El *Forverts* le pagaba veinte dólares el cuento; el *New Yorker* le daba mil dólares por cada uno, pero Singer siguió dedicándole atención equivalente a lo que mandaba a ambas publicaciones.

La leyenda dice que se levantaba todas las mañanas a las siete, pero se quedaba hasta cuatro horas rumiando en la cama el cuento que iba a escribir ("Puedo ver los Cárpatos desde mi cama, si cierro bien los ojos"). De ahí pasaba a la bañadera, donde permanecía una hora más ajustando los últimos detalles del cuento, y, de ahí, envuelto en una bata rotosa, pasaba a la máquina de escribir, donde en menos de una hora tipeaba de un tirón el cuento, con papel carbónico. Una copia iba para el *Forverts*; la otra, para alguna de sus traductoras, que horas más tarde traía el texto en inglés. Singer se abalanzaba entonces sobre las páginas y procedía a corregirlas de tal modo que puede decirse que las reescribía. La dócil traductora pasaba en limpio el texto, con Singer vigilando por encima de su hombro. A continuación venía un breve interludio amatorio en la cama y luego texto y traductora partían rumbo a las oficinas del *New Yorker*.

Singer quedó agradecido de por vida a Bellow pero nunca más le permitió acercarse a un cuento suyo; prefería elegir él mismo sus traductoras. Era famoso por atender el teléfono apenas sonaba, incluso cuando estaba enfrascado en sus labores amatorias, porque por lo general eran llamados de lectores del *Forverts* con alguna buena historia para contarle ("¡He visto a Hitler en la cafetería de Finkel y nadie me cree!") o, en su defecto, alguna conquista potencial (a los 75 años, cuando lo incluyeron entre los diez hombres más sexy de Estados Unidos, Singer adjudicó el secreto de su éxito a que siempre logró que las mujeres casadas no sintieran culpa "por acostarse con tan poca cosa como yo"). Singer parecía hasta respirar en ídish, y sin duda fornicaba en ídish. Pero cuando le llegó a su obra el momento de la consagración, de la traducción a otras lenguas, el texto "madre" que exigió que se usara fue la versión en inglés.

El Singer que conocemos quienes lo hemos leído en castellano, como quienes lo leyeron en francés, en alemán, en italiano, en portugués, en noruego y en sueco, el Singer premiado con el Nobel por hacer inmortal al ídish, es el Singer mejorado o depurado por él mismo en sus autotraducciones al inglés. Como capas de cebolla asoman en ese inglés los llamados telefónicos de los lectores del *Forverts*, las elucubraciones matinales mirando los Cárpatos desde la cama, las traductoras a las que dictaba correcciones al oído, ella en ropa interior sentada frente a la máquina de escribir, él en camiseta y calzoncillo. Eso es lo que yo llamo tener una entonación, una voz propia.

Toda la voluntad que tengo la pongo para escribir. Para vivir soy un vago

la literatura: el ejercicio de la libertad dentro de un juego de reglas muy estrictas. Cuanto más estrictas, más fulgurantes son los estallidos de libertad que se producen g —esto vale tanto para Beckett como para Cabrera Infante, o Danilo Kis. De todo eso yo tengo una preferencia marcada por el vitalismo y su hermano mellizo el saturnismo —la puesta en palabra de eso.

los estallidos de libertad son cuando las palabras nos llevan a un lugar sin palabras, de pura sensación (física, mental, eléctrica)

Borges hizo algo parecido a Brodsky y Singer, para encontrar una voz propia, solo que lo hizo a la inversa: amó a tal punto el inglés que impregnó el castellano de una sonoridad diferente, y así inventó un castellano que para mí es hermano del inglés de Brodsky y Singer. Un castellano tan perfecto que parece un esperanto literario. Por eso no me parece casualidad que uno de los tipos que mejor entendió a Borges en el mundo fuera un judío de padre húngaro y madre montenegrina nacido en Yugoslavia con el nombre Danilo Kis.

A Kis le gustaba tanto Borges que, a partir de *Historia universal de la infamia*, escribió un libro llamado *Una tumba para Boris Davidovich*, un poco lo mismo que había hecho Borges con las *Vidas imaginarias* de Marcel Schwob. Borges decía: "Todo libro que no encierra su contralibro es un libro incompleto". En *Historia universal de la infamia* Borges contraescribió las *Vidas imaginarias* de Schwob. En *Una tumba para Boris Davidovich*, Kis le dio a Borges el contralibro que se merecía *Historia universal de la infamia*.

Pero la Yugoslavia de Tito no era de apreciar esa clase de sutilezas: acusaron a Kis de "infectar la realidad socialista con perniciosas prácticas foráneas". No eran joda esos juicios en los países socialistas, pero Danilo Kis les cerró la boca a sus acusadores cuando asumió su propia defensa en aquel tribunal y les dijo que iba a hacer algo imperdonable, que era contar sus trucos: "Además del cruce de información real y seca de enciclopedias con la táctica de contarlo como un cuento, lo que uno quiere copiar de Borges es el elemento lírico enmascarado: aspirar a hacer poesía muy silenciosamente con esa táctica. El lirismo suele ser fatal para la prosa, y digamos que yo escribo a máquina para evitar el temblor de la mano, metafóricamente hablando. Pero yo quería ser poeta, me preparé toda la vida para eso, así que cuando descubrí que lo que tenía para decir era en prosa, intenté que mi prosa tuviera al menos algo que tiene la poesía: ser siempre sobre la persona que la está leyendo o escuchando".

Kis hace eso, Borges también, y podría jurar que lo aprendieron los dos de Marcel Schwob, quien decía que el verdadero lector "hace casi tanto como el autor, solo que él construye entre líneas: aquel que no sabe leer en el blanco de la página no será jamás un buen lector". Así leía Schwob lo que escribían sus amigos y, cuando escribía, así conseguía que lo leyeran sus lectores: "La literatura se escribe leyendo. Lo imaginario se aloja entre el libro y la lámpara. Para soñar no hay que cerrar los ojos, hay que leer".

Todos sus amigos iban a visitarlo por eso. Sus amigos eran Mallarmé, Paul Valéry, Anatole France, Colette, Jules Renard, Alfred Jarry. Él era el más benjamín, tenía diez años menos que todos, y sin embargo eran ellos los que caían a cualquier hora por aquel departamentito de la Rue de l'Université que parecía un armario incrustado entre dos pisos, con una mesa y una sola silla minúscula desde donde él conversaba mientras sus visitas bajaban al piso los libros sobre la cama para tener dónde sentarse: "Ayer con Schwob hasta las dos de la mañana. Me pareció como si tomara entre sus dedos finos mi cerebro y lo diera vuelta, exponiéndomelo a la luz", escribió el gran Jules Renard. La actriz Marguerite Moreno lo definió así: "Tenía una inteligencia como los ojos de los insectos, veía en diversos planos, geométricamente, era espeluznante a veces, porque parpadeaba muy levemente pero todo el tiempo al hablar, los párpados eran como labios que rezaran, sus palabras parecían venir de sus ojos, no de su boca".

Schwob llegó a los 12 años a París, venía de una familia de rabinos de Nantes. Se alojó en la Biblioteca Mazarino, que era un palacio, porque su tío Léon era el bibliotecario. El tío Léon le enseñó la Antigüedad y también le enseñó a mirar la calle por las ventanas del palacio: en la calle estaba viva la Antigüedad, le dijo. Schwob se enamoró por igual de los libros y de una prostituta adolescente y tuberculosa que callejeaba por el Marais, a quien le cosía muñecas, le hacía café, le convidaba cigarrillos y le conversaba con voz de niño, y cuando los médicos que llevaba a verla no pudieron salvarla, se encerró a quemar todas esas muñecas, y cuando salió había perdido todo el pelo y también había escrito un libro entero para la difunta, donde la bautizó Monelle y le inventó un puñado de hermanas para abarcar todas las facetas de su perverso encanto, y sentenció al final: "No abraces a los muertos. No lleves en ti el cementerio. Los muertos ahogan a los vivos".

Colette le presentó a la actriz Marguerite Moreno para rescatarlo. La Moreno recitaba Baudelaire como nadie. Schwob se enamoró de su voz, se casó con ella e incluso aceptó mudarse a una casa luminosa en la Île de Saint-Louis, pero a los tres meses le empezaron "los dolores". Así llamaba a la enfermedad misteriosa, supuestamente un cáncer de recto, que fue su calvario desde entonces. El matrimonio era blanco: la Moreno se iba de gira y Schwob cerraba todos los postigos y se ponía en brazos de la morfina, pero ni así podía escribir, así que decidió partir a Samoa, a ver la tumba de su amigo epistolar Robert Louis Stevenson (Schwob era su traductor al francés, Stevenson era su confidente a la distancia: con nadie se franqueó tanto, a nadie extrañó más).

La mitad del viaje lo hizo en camilla y nunca llegó hasta la colina donde estaba la tumba de su amigo, pero en cambio aprendió diligentemente el samoano y en dos días podía hablarlo. Lo llamaban Tulapala, que significa "habla con historias", y el propio rey Mataafa lo inició en una tisana vegetal más efectiva que la morfina. "Si no tuviese que escribir el libro que tengo que escribir, viviría con ellos", le escribió a la Moreno en una carta que no despachó, sino que guardó en su bolsillo: "Para que sepas, mi querida, si me pasa algo, que mi último pensamiento ha sido para ti".

El libro que quería escribir era sobre una pandilla de revoltosos medievales, los *coquillards*, y su rey, el poeta pillo François Villon. La teoría de Schwob era que no existía una línea que separase lo que está arriba de lo que está abajo, la Antigüedad según la describía la biblioteca y la calle que se veía desde las ventanas del palacio: "Nada le gusta a la gente de mundo como recoger las formas y términos nuevos que crea la calle. Así ha sido siempre. La unificación de Europa como continente, la matriz europea, la iniciaron esos vagabundos que iban de pueblo en pueblo contagiando lenguaje y estilo sin saberlo: clérigos, estudiantes, trovadores, bandidos, desertores, mendigos".

En el momento en que lo alcanzó la muerte, Schwob estaba dando un seminario en la Sorbonne sobre su tema favorito: la Antigüedad y la calle. Usaba como excusa a Villon y los poetas pillos. El seminario no terminaba nunca y tenía poquísimos pero fervorosos alumnos. Al final quedó uno solo, llamado Pierre Champion, que es el único biógrafo de Schwob que existe hasta hoy: tanta gente ha merecido exceso de biografías y, en cambio, de él solo existe ese librito de 1927. Pero ese librito parece un capítulo de sus *Vidas imaginarias*, y en sus últimas líneas cuenta que Schwob murió un domingo de febrero cuando tenía 37 años, que nadie pudo cerrarle los párpados y por eso lo velaron así, y como sus ojos seguían abiertos al partir al cementerio, velaron con crespones negros los faroles del coche que lo condujo hasta allá.

El suicida dice:

"Necesito saber cómo es un día malo de ustedes"
(en el mensaje que deja en los dos contestadoras)
antes de dárselo

[¿o es lo que dice cuando recupera la conciencia?]

"No man is an island, entire of itself;
every man is a piece of the continent, a part of the main;
if a clod be worked away by the sea, Europe is the less,
as well as if a promontory were,
as well as if a manor of the friends or of thy own were;
any man's death diminishes me, because
I am involved in mankind; and therefore never
send to know for whom the bell tolls; it tolls for thee."

JOHN DONNE

Recapitulemos: hemos ido de los *beatniks* al padre de los poetas pillos. A ver si puedo contar esto que viene a la japonesa, porque esa es la etapa que siguió en mi trayecto literario: los hermanos de los *beatniks* y de los poetas pillos en el otro rincón del mundo.

Imaginen esta escena, en la isla del Sol Naciente y el monte Fuji: en medio del acto sexual, un hombre repara en que le ha sacado unas gotas de sangre al pecho de su amada, no entiende cómo. Ella tampoco, cuando él se lo hace ver después del orgasmo: ni siquiera puede localizar el punto de donde salieron esas gotas de sangre. Porque los labios pueden, si son lo suficientemente suaves, sacar sangre del cuerpo amado sin que duela, más bien al contrario.

Yasunari Kawabata escribió esta escena cuando tenía 77 años. Cincuenta años antes, acompañaba un día a su amigo Akutagawa a elegir una prostituta por las calles de Asakusa, el famoso Sexto Distrito, conocido como la letrina de Tokio, porque allí convivían los marginales tradicionales que hacían nido en los alrededores de cada gran templo nipón y la "nueva promiscuidad" que generaba el culto a lo occidental en Japón. Detrás del templo

Kanon, cuyos impolutos jardines daban al río, los callejones de Asakusa hervían de varietés, vendedores de pájaros, *geishas* impolutas, fabricantes de kimonos, viejos calígrafos, informantes de la policía y mendigas prostitutas. Asakusa ofrecía toda la gama concebible de diversiones y perversiones a la japonesa y a imitación occidental.

El joven Kawabata había pisado por primera vez Asakusa poco después de llegar a Tokio, a los 16 años. Había visto morir a sus padres; luego, a su única hermana; luego, a su abuela y, por fin, al abuelo, que se lo llevó a vivir al campo. En cuanto pisó la ciudad vio, en uno de los mil cafés de Asakusa, rodeado de chicas hermosas, a Tanizaki (que era trece años mayor que él y ya disfrutaba de fama como escritor), y decidió qué quería ser en la vida. Desde entonces vivía y escribía en el Sexto Distrito, razón por la cual le resultaba de lo más normal acompañar a su compadre Akutagawa a elegir una prostituta. Lo que le sorprendió ese día fue que su excéntrico amigo llevara el rostro maquillado de blanco, y más aún que ninguna prostituta quisiera irse con él, siendo un cliente altamente apreciado. Hasta que oyó los cuchicheos de las muchachas: creían que Akutagawa era un fantasma. Cuarenta y ocho horas después, el pronóstico se hizo realidad: Akutagawa había calculado cuidadosamente la dosis de veronal que había ingerido para que su cadáver luciera plácido, tal como en los días anteriores empezó a blanquearse la cara para que sus "mariposas de la noche" se fueran acostumbrando a verlo muerto.

Tanizaki diría años después que todos ellos querían escribir lujurioso: les salía elegíaco porque estaban hablando de un mundo que moría delante de sus ojos. Cuando dijo "todos" se refería en realidad a cuatro: Kawabata, Akutagawa, él y Kafu. Kafu era el preferido de los otros tres, quizá porque era el más disipado, o quizá porque era al que menos le importaba escribir de los cuatro. Contra el consejo de sus amigos, Kafu se casó una vez con una *geisha* tan disipada como él. Era pleno invierno y no tenían ni para el fuego del caldero, así que se limitaron a permanecer abrazados, dándose calor uno al otro. "Cuando se rasgaba alguno de los paneles de papel de las puertas de nuestra habitación, lo cubríamos con las cartas que nos habíamos ocultado hasta entonces el uno al otro, y nos leíamos en voz alta los pasajes más escabrosos, mientras intentábamos que no se colara más frío en la habitación. Puedo dar fe de que ese es un placer que jamás conocerán los que tienen dinero".

"Háblame de mí"
(una mujer de cierta edad
a quien la amó de joven
—de lejos o de cerca).

"I've grown used to having ghosts around".

BARRY HANNAH

Vera Nabokov, a su hijo Dimitri,
cuando vuelven en el auto de él
del hospital donde acaba de morir Nabokov:
"Alquilemos una avioneta y matémonos".
(¿se lo dijo en inglés, se lo dijo en ruso?)

Los que tenían dinero en la Argentina de 1980 se iban a Miami, y los que no tenían se quedaban en Buenos Aires y podían conocer a Miguel Briante en aquella verdulería convertida de noche en bar por Claudio Madanes, en la esquina de Corrientes y Riobamba. Briante fue una versión criolla de Isaak Babel, o de Juan Rulfo. Como ellos, inventó un territorio literario: lo que fue Odessa para Babel y Comala para Rulfo fue para Briante esa pulpería metafísica que él llamaba "lo de Arispe". Como a Babel, como a Rulfo, a Briante le costaba muchísimo escribir, pero era como ellos un dotado absoluto: usaba las palabras tan económica como magníficamente. Babel dijo una vez: "Una frase sale a la luz buena y mala al mismo tiempo. El secreto está en un giro apenas perceptible. Esa actitud con las palabras es la historia de mi vida. Si alguna vez escribo mi autobiografía, se llamará *Historia de un adjetivo*".

Briante era de ese club: un rey de la palabra, un esclavo de la palabra, un enfermo de la palabra. Se pasó la vida intentando dejar el periodismo para poder escribir, y añorando escribir cuando estaba afuera de una redacción. Por suerte dejó un puñado de cuentos que son como si las historias de Odessa de Babel sucedieran en el Comala de Rulfo. Briante llamaba a esos cuentos "los gauchos fumados", porque suceden todos dentro de esa mezcla de boliche de pueblo y sala de espera existencial ambientada en la nada que Briante llama "lo de Arispe". Lo de Arispe son las últimas luces del pueblo viniendo del centro cuando es de noche: después de lo de Arispe viene la pura nada, el vértigo horizontal. Uno de esos cuentos de gauchos fumados tiene apenas cuatro carillas, y podría haber sido perfectamente una de las contratapas que escribía cada tanto Briante en *Página/12*, pero él prefirió no publicarlo en el diario sino colarlo como *bonus track* en la última reedición de su libro de cuentos *Ley de juego*.

Transcurre, como no podía ser de otra manera, en el boliche de Arispe y, para mí al menos, es lo mejor que escribió Briante en su vida: es su identikit, su *ars poetica* y su testamento literario, porque muestra todo lo que había pensado acerca de la literatura a lo largo de su vida:

Los parroquianos en lo de Arispe están mirando el fuego y viendo historias en las llamas, o usando los dibujos del fuego como excusa para contar una historia. Llega entonces un forastero, deja pasar un rato hasta que los demás se familiarizan con su presencia, y entonces dice: "Me dijeron que acá uno viene y cuenta su historia. Y que se la escucha, me dijeron". Los demás no se la hacen fácil. Siguen en lo suyo hasta que no quedan más que rescoldos del fuego. Recién entonces consienten: "A ver", dice Arispe. El forastero apoya el vaso vacío sobre la barra y dice a los que miran el fuego agonizante: "Que de noche sueño que acá adentro me está creciendo una víbora, y que cada noche se hace más grande y más grande y a mí no me importa y lo único que quiero saber es si cuando de tan grande que sea la víbora yo me muera, lo único que quiero saber es si la víbora vivirá".

Eso es lo de Arispe para Briante. En ese boliche, como en la literatura, el tiempo no pasa convencionalmente (o pasa lejos, que viene a ser lo mismo). En ese boliche puede adivinarse todo lo que representa el ejercicio de la palabra, el rito de contar y escuchar historias: el fuego, que es uno solo, dictando a cada uno una historia diferente, o sirviendo para que cada uno le imprima al movimiento de las llamas la obsesión que lo carcome. Y la víbora, haciéndose cada noche más grande dentro de uno, hasta que uno se decide a ir y contar su historia, en ese lugar donde se la escucha. Uno va a contar su historia para saber cómo termina.

Uno va a contar su historia para saber si su historia vivirá. De eso se trata, en el fondo, todo este asunto: de lograr que cuando uno muera la historia que haya contado siga viviendo.

a mí las palabras no me importa tanto
lo que me importa es lo de entremedio
las palabras justas me importa cuanta más visibilidad
le da a lo de entremedio.
por eso cuando digo "miguel briante", "babel", "borges"
de lo que hablo es de una clase de escritor
no importa si es "briante":
lo que importa es que seguro hay un escritor así para el otro
y yo me estoy refiriendo a eso.
como decía marechal:
de todo laberinto se sale por arriba.
por eso lo que escribo es ficción pero también es no ficción
—o trato de que sea
ir más allá: alcanzar la conexión
que al otro le sirva
como a mí me sirve decirlo.
porque así ayuda
y si ayuda, estimula la devolución
alienta el circuito
de aquello que yo no sé nombrar de otra manera que ésta
ahí es donde se cruzan la literatura y la vida, para mí.
qué importa quién lo dice, o sobre quién lo dice
—importa que se diga

Pero me estoy poniendo solemne. Y lo que creo que querrán saber ustedes es qué pasó con aquella morocha argentina y el agente de la CIA, así que procedo.

Por ella, por esa morocha hermosa, se pudrió la amistad de aquellos tres jóvenes poetas en ciernes. Por ella nos peleamos con su padre también, cuando pescó a uno de nosotros en la cama con su hija y nos echó a patadas a todos de su departamento, y puso a su hija de pupila en un colegio en las sierras de Córdoba, y nosotros tres terminamos el secundario y cada uno rumbeó para su lado. La vida, como dice un sabio rosarino que conozco.

Cuando el padre de aquella morocha argentina ya llevaba largo tiempo bajo tierra, y mis amigos de entonces habían devenido uno financista y el otro estanciero y llevábamos treinta años sin vernos, yo me reencontré con ella. Nos cruzamos hace poco en Gesell. Ella había venido por unos días a la costa, a hacer un retiro, y me pasó a visitar después. Tiene su espléndida melena igual de lacia y pesada que en los mejores tiempos pero completamente gris, y la misma carita de muñeca pero con todas las muescas de la vida: es una especie de pachamama, de monja zen itinerante, que habla poco, pero te la pone con lo poco que dice.

Por ella supe que su padre era de la CIA. Nada especial, un perejil nomás, como dije. Técnicamente hablando, pertenecía al UCIS, el departamento de extensión cultural que, en cada embajada americana del mundo, solía ser la tapadera de la CIA. En la superficie, esos tipos eran divulgadores de la cultura norteamericana: organizaban charlas, conciertos de jazz, ciclos de cine y muestras de pintura con dinero de la embajada, y bajo cuerda informaban a sus patrones de las ideas políticas que se cocían en esos ambientes. Ella prefirió no averiguar mucho más, y no le era muy grato contármelo aunque tampoco le resultaba especialmente amargo: ya se había decepcionado antes de su padre, más precisamente en el momento en que él la despachó de pupila a Córdoba. Soltó una risita seca cuando me lo dijo y después agregó: "Me imagino lo que significará esto para tu enferma relación con lo yanqui. Pero bueno, siempre es útil aprender a entender el propio pasado".

Y me pidió una pitada de cigarrillo, como me hacía antes, y se quedó mirando la tarde nublada y ventosa, el cielo del mismo color grisáceo del mar, la arena opaca, la playa desierta, hasta que dijo de pronto: "O sea que acá escribiste el poema sobre la polaca. Hay momentos en que estás hablando de mí en ese poema, ¿o me equivoco?".

Ese poema había sido mi última contratapa, el cierre del ciclo de los viernes, los diez años de los viernes, y el primer poema que me animaba a publicar desde aquellos tiempos en que dejé de verla, a ella y a mis dos cofrades *beatniks*, más de treinta años antes. En ningún momento, mientras lo escribía, y corregía, pensé en ella. Pero ahora me parecía obvia su presencia, en el fondo del fondo, invisible para el resto del mundo. A ver si la ven:

Estoy
enamorado es poco
de una polaca llamada Wislawa
de apellido Szymborska
y, para sus amigos, Mariusha.

Su padre quería un varón
le decía: *Nada de berrear*
nada de exponer entrañas
y creo que por eso ella escribió
muchos años después:
Sé componer los rasgos de la cara

para que nadie divise la tristeza.
Soy quien soy
un caso insólito
podría ser yo pero sin asombro
aunque eso significaría
ser alguien totalmente distinto.

Ah, Wislawa, alma vieja
ah, Mariusha, siempre nena
nadie en tu familia murió de amor
y vos en cambio viviste
como por diez de ellos
amando el color azul
buscando siempre a aquel de
ojos color cerveza
que lleno de amor te dijo un día:
Mañana y todas las mañanas de mi vida
estaré bajo tu balcón
—salvo que llueva.

Ah, Wislawa,
Mariusha,
qué ojo tenías
aunque ignoraras de qué iba la obra
y qué papel representabas en ella.
Haga lo que haga, dijiste,
se convertirá para siempre en lo que hice
y nos advertiste:

Aun con toda mi buena fe
sé que contaré cosas que jamás existieron.
En tu primer viaje al exterior
(a Bulgaria, en tiempos soviéticos)
te alojaron en un hotel lejos de la ciudad
había un enorme globo terráqueo
en tu cuarto
vos dibujaste una isla minúscula
le pusiste el nombre del hotel
y la pegaste en el lugar más vacío del Pacífico.
Quien pase alguna vez
por ese rincón de los mares
que nos diga si esa isla aún existe.

¿De dónde vienen sus poemas?   65
te preguntaron una vez:
Escribo historias muy cortas
que se vuelven más y más cortas
hasta que solo tienen unas pocas líneas
de ahí vienen mis poemas, dijiste,
y también:
Prefiero lo ridículo de escribir poemas
a lo ridículo de no escribirlos,
y también:
Me gusta escribir a mano en hojas pequeñas
para asegurar el contacto
entre lo que tengo en la cabeza y la mano,
y también:

Para traducir un poema mío,
primero hay que comprenderlo
y luego basta encontrar algo bonito
pero no demasiado,
para que suene natural
porque mis poemas son
como respiración
reposada.

Y cuando vino el Nobel
y Polonia entera te quiso abrazar
la sofrenaste con estas palabras:
En este país, por tradición
una poeta tiene que ser maldita,
e infeliz
por exceso de espiritualidad
y por causa de sus amantes
que no están a la altura de su talento
así que perdón, perdón por no ser así
mis señas de identidad
son, es cierto, el
frenesí
y la
desesperación
pero así,
en minúscula.

Todas las sillas eran duras en tu casa
para que las visitas no se quedaran demasiado

y lo que más te gustaba de los viajes
era el regreso
y cuando no querías hacer algo decías:
Será un placer aceptar su propuesta
cuando sea más joven
Ah, Wislawa,
Mariusha.
Eras de la opinión que
en nuestra época se hablaba demasiado
así que diste el discurso más corto
de toda la historia del Nobel,
empezaste así:
En un discurso lo más difícil es
la primera frase. Así que ya la he dejado atrás
y contraviniendo el protocolo
saludaste al público
antes que al rey y a la reina
y después saliste a fumar
y cuando el rey te ofreció
un chicle de nicotina le dijiste:
Dudo que sean tan benéficos como el cigarrillo
para la literatura.
Ah, Wislawa,
Mariusha,
dejame decirte una cosa:
no conozco nada más benéfico que vos
para la literatura.

No voy a hacer mucho bla bla
No voy a hacer muchos escenas
No se trata de eso
. se trata de cantar la historia
de seguir el humo

"Soy la bofetada y la mejilla" BAUDELAIRE

"Tu conciencia significa los demás dentro de ti" PIRANDELLO

"El poeta (el escritor) es un fingidor. Finge tan completamente
que hasta finge que es dolor, el dolor que siente de verdad"
                                                    PESSOA

Mi querida monja zen, mi adorada musa *beatnik* de la adolescencia, se rio un poco de mí, barrió de nuevo con los ojos el paisaje que nos rodeaba, la playa pobre, el mar gris pero poderoso, y dijo: "Me gusta que estés acá. Contame qué encontraste. Por qué te quedaste".

Y yo le conté el primer invierno que pasé en Gesell, el día que me crucé caminando por la playa con un surfer recién salido del agua. Era uno de esos días gloriosos de octubre que te sacan de los huesos el frío del invierno con solo apuntar la cara al sol, cerrar los ojos y dejarse invadir de luz. Pero yo era porteño todavía, había bajado a caminar por la playa embutido en un gorro negro y anteojos negros y un chaquetón de cuero negro que había sido compañero de mil batallas en mis tiempos porteños. El surfer me dijo al verme pasar: "Yo, en Buenos Aires, también era *dark*". Y agitando sus rastas aclaradas con parafina y dedicándome una sonrisa de un millón de dientes agregó: "Pero acá soy luminoso, loco".

Después de contarle eso le describí otro día, de otro año, en que bajé a leer a la playa. Me faltaban menos de treinta páginas para terminar el libro cuando empezó a levantarse tanto viento que era para irse, pero yo quería terminarlo como fuera, así que me guarecí contra los pilotes de la casilla del guardavidas, con la espalda contra la tormenta de arena, el libro apoyado contra las rodillas y apretando fuerte las páginas con cada mano para que no flamearan. Así estaba, cuando el guardavidas se asomó desde arriba por el ventanuco trasero de la casilla y me dijo: "Eh, escritor, ¿qué leés?". Una biografía, le dije. "¿De quién?". De un escritor, le contesté. El tipo se quedó mirándome con la cabeza asomada por el ventanuco y después dijo: "La biografía de un escritor vendría a ser la historia de una silla, ¿no?".

Lo que trataba de decirle a mi querida monja zen es que el mar es así. Hay quien dice que demasiada cercanía con él te lima, te vuela la cabeza. A mí me limpia, me destapa todas las cañerías, me impone perspectiva aunque me resista, me termina acomodando siempre, si me dejo atravesar, y es casi imposible no dejarse atravesar.

Cuando viene el invierno, cuando el viento impide bajar a la orilla y hay que curtirlo de más lejos, es como si el mar se pusiera más bravío para acortar la distancia, para que lo sintamos igual. Llevo doce años largos bajando cada día que puedo a caminar por la orilla del mar, o al menos a verlo, cuando el viento impide bajar del médano. En los últimos doce años, cada viernes, cada contratapa que publiqué en *Página/12*, la entendí caminando por la playa, o sentado en el médano mirando el mar: por dónde empezar, adónde llegar, cuál es la verdadera historia que estoy contando, de qué habla en el fondo, qué tengo yo (o ustedes y yo) que ver con ella, qué dice de nosotros.

En mi dacha en Gesell hay estantes por todos lados. Son anchos, para poder empujar los libros hacia atrás y dejar un poco de espacio, donde voy poniendo pequeñas piedras que me traigo de mis caminatas por el mar. Son piedras especialmente lisas, especialmente nobles en su desgaste: esas cuya belleza es lo que la abrasión del mar hizo con ellas, lo que no les pudo arrebatar. Esas que cuando las vemos en la arena no podemos no agacharnos a recoger. Tienen el tamaño justo para entrar en nuestra mano; responden a ella como si fueran un ser vivo y, sin embargo, cuando se van secando en nuestra palma y van perdiendo color, no sabemos qué hacer con ellas y las soltamos.

Por tener tanta repisa providencialmente a mano, en lugar de soltarlas empecé a traerme de a una esas piedras, de mis caminatas por la playa. Nunca más de una, y muchas veces ninguna (a veces el mar no da, y a veces es tan ensordecedor que uno no ve lo que le da). Así fueron quedando, una al lado de la otra, a lo largo de los estantes de mi dacha. Es lindo mirarlas. Es lindo cuando alguien agarra una distraídamente y sigue conversando, en esas sobremesas que se estiran y se estiran tal como se desperezan los gatos.

Augusto Monterroso confesó una vez que aspiró toda su vida a inventar un género que tuviera algo de ensayo y algo de cuento, algo de poema y algo de confesión, que fuera más o menos breve y muy libre, en tono aparentemente melancólico pero envuelto en ligero humor, recurriendo a citas de conocidos y desconocidos, que existieron en la realidad o no, con un estilo perfecto pero que no se note o que incluso parezca descuidado, como redactado por alguien que lo hiciera para cumplir un requisito que no puede eludir. Borges lo definió a su manera: "Preferir las palabras habituales a las palabras asombrosas, intercalar en un relato rasgos circunstanciales, simular pequeñas incertidumbres, ya que si la realidad es precisa la memoria no lo es, narrar los hechos como si no se los entendiera del todo, recordar que las normas anteriores no son obligaciones y que el tiempo se encargará de abolirlas".

He intentado hacer así mis contratapas en todos estos años, me gusta imaginar que cada viernes ha sido como una de esas piedras encontradas en la playa y puestas una al lado de la otra, a lo largo de los estantes de libros, que rodean una mesa, donde unas personas conversan y fuman y beben y distraídamente manotean alguna de esas piedras y la entibian un rato entre sus dedos y después la dejan abandonada entre las tazas vacías y los ceniceros llenos. Y cuando todos se van yo vuelvo a ponerla en la repisa y apago las luces, y mañana, con un poco de suerte, volveré con una nueva de mi caminata por la playa.

Índice

Libro compuesto en tipografía Janson Text 12/15
creada por Miklós Kis en el siglo XVII en Alemania,
revisada por Hermann Zapf en 1950.

Queremos hacer libros
cada vez mejores. Para eso
necesitamos saber qué pensás.

Envianos un mail y contanos tu parecer:
info@edicionesgodot.com.ar

O respondé una breve encuesta:

Si este libro te gustó y nos querés ayudar,
te agradecemos que lo recomiendes
a tus amigas y amigos o en tus redes sociales.

LA COMEDIA HUMANA
99 historias del siglo XX
y un bonus-track
cómo se hice viernes
_____

así es el libro

nap 2013